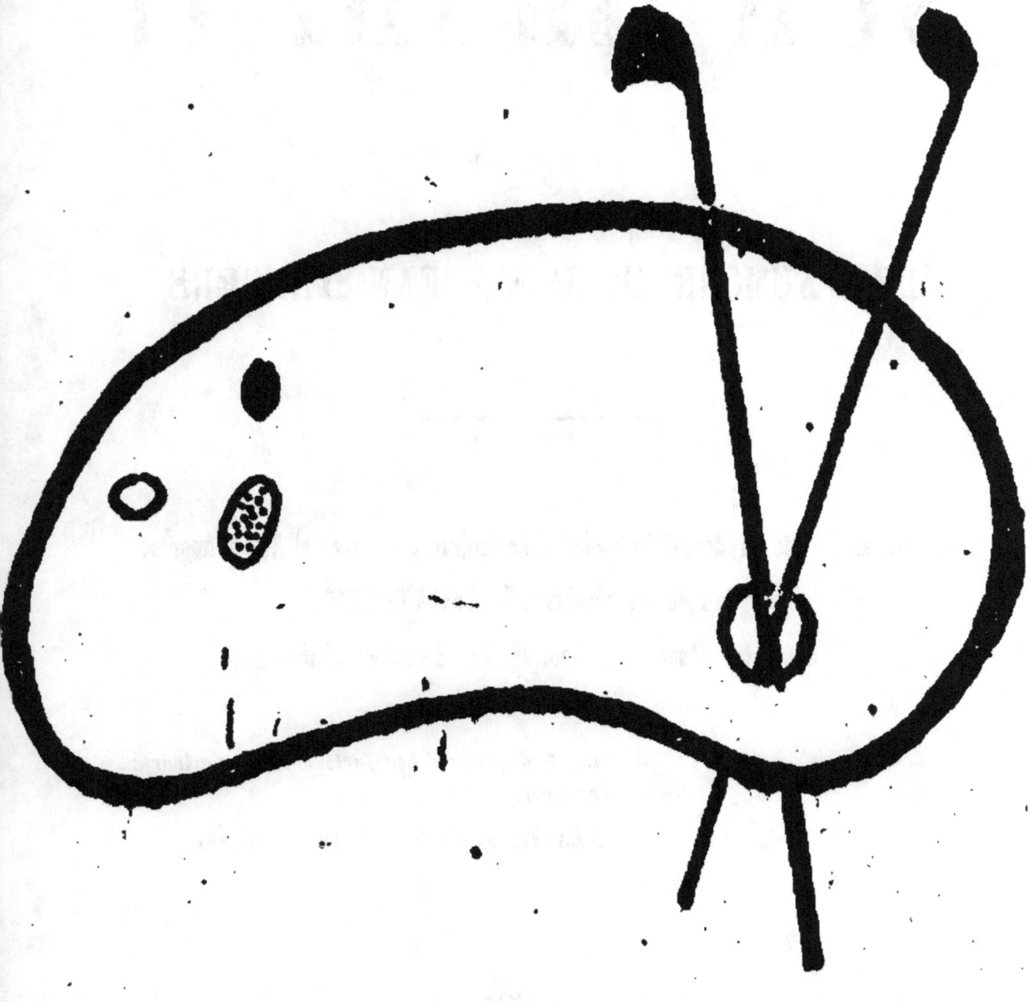

DEBUT D'UNE SERIE DE DOCUMENTS
EN COULEUR

ÉTUDE
SUR HENRI II

FONDATEUR

6 si

DE L'AUMONERIE SAINT-JEAN D'ANGERS

Ce travail a été lu devant la Société d'Agriculture, Sciences et Arts d'Angers,
par l'un de ses membres, M. l'abbé CHOYER,
dans la séance du samedi 21 décembre 1867.

Toti villæ Andegaviæ et benefactoribus eleemosinaria
dedit et concessit.

(ARCHIVES DE L'HÔTEL-DIEU D'ANGERS).

ANGERS

IMPRIMERIE P. LACHÈSE, BELLEUVRE ET DOLBEAU
13, Chaussée Saint-Pierre, 13.

1867

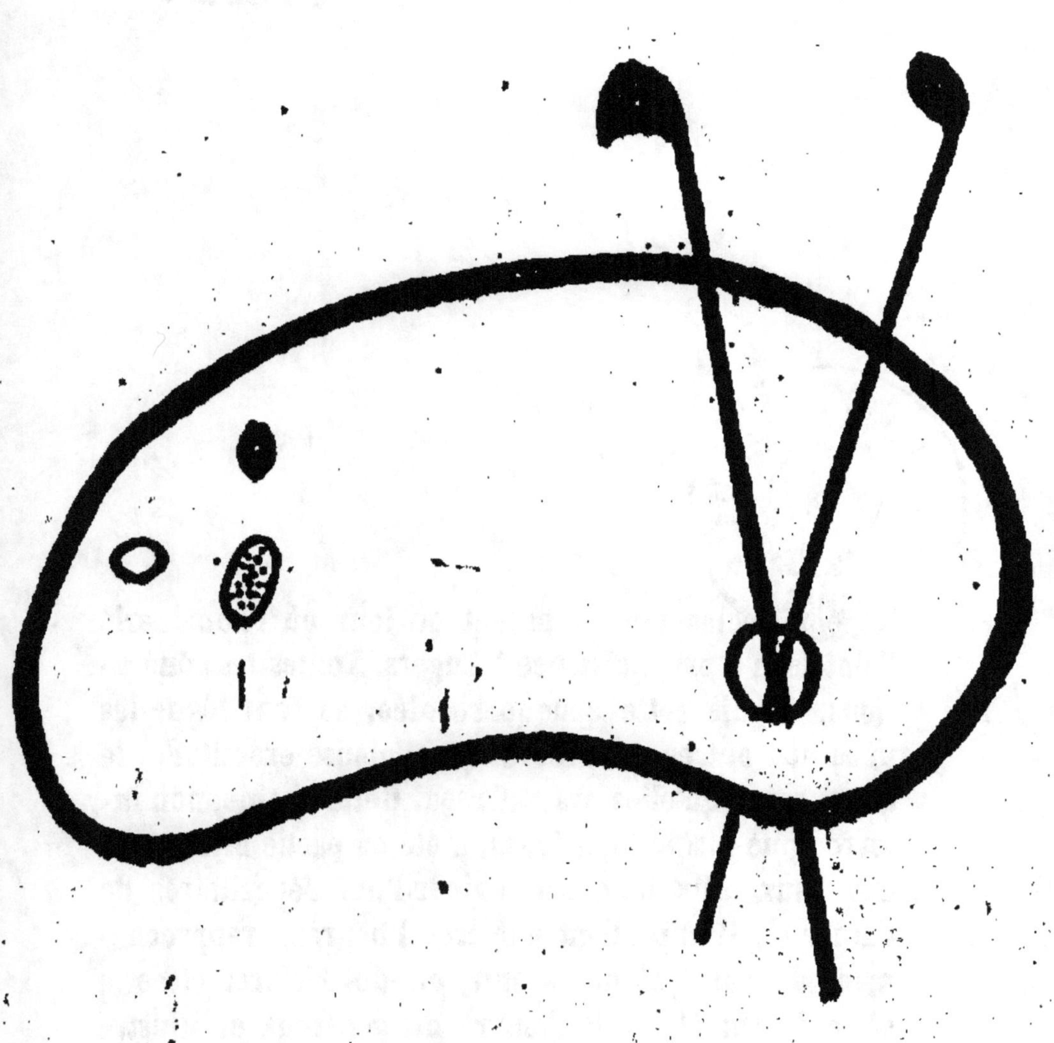

FIN D'UNE SERIE DE DOCUMENTS
EN COULEUR

Sept siècles nous séparent du jour où l'aumônerie Saint-Jean a pris naissance à Angers. Toutes les générations, depuis cette époque reculée, se sont légué les unes aux autres, et avec une religieuse exactitude, le dépôt sacré qu'elles avaient reçu. Cette chaîne, non interrompue jusqu'à nos jours, a été en partie brisée sous nos yeux. Aux hommes, aujourd'hui dépositaires de l'autorité, il appartient d'opérer l'heureux rapprochement du passé et de l'avenir, ou de déclarer close la série des bienfaits de l'œuvre du généreux et illustre comte d'Anjou. Dans ces graves circonstances, il importe que le droit et le devoir de tous soient bien connus. L'avenir jugera.

En publiant cette étude sur Henri II et son institution, l'auteur a eu surtout en vue de porter à la connaissance des administrations que la chose intéresse plus particulièrement, des détails précieux et très-propres à les éclairer sur les mérites du bienfaiteur éminent, qui

*

1868

s'est créé tant de titres à la reconnaissance des pauvres et du pays tout entier. Puisse ce travail opérer la conviction dans les esprits, et conserver à notre cité un monument que réclament le vœu populaire et le bien des classes indigentes.

Du reste, nous croyons savoir que déjà l'autorité diocésaine, justement émue du péril où se trouve le charitable asile, offert par Henri II *à Dieu et à ses pauvres*, l'a réclamé au nom de la religion à laquelle il a été donné. Encouragé par un aussi puissant exemple, nous le réclamerons nous-même au nom de l'art national dont il est un beau type, et surtout au nom des pauvres aux besoins desquels il manque. Veut-on de cette dernière vérité une preuve positive ? Elle est effrayante à raconter, mais elle existe. Elle s'est produite, il n'y a pas longtemps encore, sous les yeux de toute la ville d'Angers. L'hospice Sainte-Marie, malgré la vaste étendue de ses dimensions, est très-loin de pouvoir satisfaire aux nombreuses demandes qui lui sont journellement adressées. Si grande et si intelligente que soit la bonne volonté des administrateurs, elle doit céder à l'impossibilité. Or, il y a de ça quelques mois, il arriva qu'une pauvre femme voyant qu'elle avait trop longtemps à attendre pour obtenir son tour d'admission, sentit le désespoir, le cruel désespoir monter dans son cœur, et elle s'est précipitée dans la rivière. Cet argument me dispense de beaucoup d'autres...

Et c'est en présence d'aussi impérieux besoins qu'on penserait à détruire un établissement tout créé et dont il ne faut qu'ouvrir les portes pour donner satisfaction à des misères sans nombre, et pour faire succéder dans des cœurs faibles, mais égarés par la douleur, l'espérance au désespoir !

L'hospice Sainte-Marie, tout le monde le sait, n'est accessible qu'aux pauvres de l'arrondissement d'Angers. Combien de communes dans le reste du département, qui n'ont aucun refuge à offrir aux nécessiteux, et qui seraient heureuses de trouver à Angers, même en payant, un asile où elles pussent placer leurs vieillards et leurs infirmes! Quels motifs pourraient donc s'opposer à ce que l'aumônerie Saint-Jean fût restituée aux classes souffrantes? Serait-ce la dépense d'installation? Mais le dévouement, avec une spontanéité qui en double le prix, est déjà venu faire à cet égard les offres les plus généreuses.

A Lyon et à Paris, des maisons de santé à un prix extrêmement minime, permettent aux classes ouvrières de s'y faire soigner avec plus de facilité que dans la famille. Pourquoi quelque chose de semblable ne serait-il pas constitué dans les bâtiments de l'ancien hôpital ?

En outre, puisque l'œuvre de Henri II, comme on le verra dans les pages suivantes, a été fondée en faveur de tous les indigents, *valides* ou *malades*, pourquoi des orphelinats-écoles-professionnelles ne seraient-ils pas établis dans les vastes locaux abandonnés? L'orphelinat de Saint-Nicolas, 112, rue de Vaugirard, à Paris, nous offre à cet égard un heureux précédent et un modèle complet. Quinze cents enfants sont reçus dans deux maisons au prix de trois cents francs, et il y a toujours plus de demandes que de places à donner. Quoi donc! à Angers, dans un local gratuit, on voudrait qu'il fût impossible d'organiser des œuvres semblables? Cette appréhension ne peut être fondée. Espérons, au contraire, qu'une heureuse expérience viendra bientôt nous donner complétement raison.

Tout près de l'Aumônerie Saint-Jean, le Gouvernement fait donner l'instruction professionnelle aux jeunes gens des classes moyennes. Ne serait-ce pas d'une haute convenance sociale qu'à côté de l'*École des Arts et Métiers*, le pauvre et l'orphelin, eux aussi, trouvassent le moyen de parvenir à une position honorable dans la société?

Cet immense bienfait de l'instruction professionnelle, pour les classes indigentes, nous paraît facile à procurer à Angers, dans les circonstances présentes. Nous croyons que c'est déjà en avoir grandement avancé la solution, que d'avoir appelé sur cette question importante, l'attention et la sollicitude de nos honorables administrateurs et du Conseil municipal.

ÉTUDE
SUR HENRI II

Roi d'Angleterre, comte d'Anjou

ET

FONDATEUR DE L'AUMONERIE SAINT-JEAN D'ANGERS

Henri II a été très-diversement apprécié par les historiens, suivant le point de vue auquel chacun d'eux s'est placé.

Pour moi, qui me propose surtout de faire connaître le Fondateur de l'Aumônerie Saint-Jean, j'éviterai, autant que possible, de mettre à la charge de l'habile et généreux comte d'Anjou, ce qui doit rester à celle du roi d'Angleterre.

Cette précaution rendra ma tâche plus facile, et sans donner quittance à Henri II de tout ce qu'il doit à Dieu, à l'Église et à l'histoire, je m'estimerai heureux de pouvoir le suivre et le louer dans un pays où il n'est connu que par ses bienfaits.

Mon intention est de considérer dans le comte d'Anjou le chrétien sincère, le prince bienfaisant et l'habile administrateur.

Je ne puis parler de la foi religieuse du comte d'Anjou, sans me trouver immédiatement en face du meurtre de saint Thomas de Cantorbéry. Je le sais, l'odieux de ce crime s'attache principalement à la mémoire du roi d'Angleterre. Mais il me semble que je ne puis apprécier à leur juste valeur les œuvres bienfaisantes du comte d'Anjou, sans connaître les motifs intimes qui l'ont inspiré. Et ce meurtre sacrilége qui semblerait devoir, au premier abord, nous faire mettre en doute la sincérité de sa religion, étudié dans ces circonstances, devient, au contraire, une irrécusable preuve de la foi du comte d'Anjou, non-seulement ferme et courageuse, mais capable de s'élever, au besoin, comme nous le montrerons bientôt, jusqu'à l'héroïsme.

Examinons cette question grave et délicate, avec l'impartialité que nous permet d'apporter à cette discussion, un fait accompli à sept siècles de distance.

Tout le monde sait que Henri II a protesté solennellement, et la main sur l'Évangile, contre l'intention qui lui a été prêtée, d'avoir voulu faire assassiner l'archevêque Thomas Becket, bien qu'il ne refusât pas d'avouer qu'il avait pris à ce meurtre détestable une part indirecte et involontaire. Voici la formule de son serment devenu célèbre : « Je n'ai ni pensé, ni su, ni commandé la mort de l'archevêque de Cantorbéry; et, quand je l'ai apprise, j'en ai été plus affligé, que si j'avais perdu mon propre fils. Je ne puis m'excuser d'avoir donné occasion au meurtre, par l'animosité et la colère, que j'avais conçues contre le saint homme[1]. »

La parole inconsidérée que fit entendre le roi (j'emprunte cette expression à un auteur qui n'est pas suspect, l'abbé de Feller[2]) peut facilement être attribuée au premier mouvement d'une nature violente et irritable, que tous les historiens s'accordent à nous montrer, dans Henri II, si emportée qu'elle dépassait tout ce qu'on en peut dire.

Quoi qu'il en soit, il faut remonter jusqu'à l'empereur Théodose, pour trouver une réparation comparable à celle que le roi d'Angleterre offrit au saint et illustre archevêque de Cantorbéry.

Les ennemis de Henri II, parmi lesquels se trouvait le roi d'Écosse, s'étaient levés de toutes parts, et menaçaient de lui ravir ses États. Il voit en eux autant de ministres des vengeances célestes. « Au lieu, dit Feller, de marcher contre les rebelles, il va droit à Cantorbéry, et, laissant son équipage hors de la ville, il prend pour tout vêtement une méchante tunique, et se rend pieds nus et en silence à la cathédrale, près du tombeau de saint Thomas.

« Là, sans avoir pris aucune nourriture, il passa le reste du jour et toute la nuit, en prière, prosterné, sans tapis, sur le pavé. Puis, les épaules nues, il voulut que chaque évêque qui se trouvait présent, et les religieux de la communauté, au nombre de quatre-vingts, le frappassent de verges, l'un après l'autre. Des railleurs insipides, continue le même historien, ne manquèrent

---

[1] Rohrbacher, *Hist. de l'Église.*
[2] *Bibliographie universelle.*

point de s'égayer aux dépens du roi. Mais le retour ino-
piné de sa première fortune ne tarda pas à leur fer-
mer la bouche. »

Le Ciel, en effet, au témoignage des historiens con-
temporains, paraît s'être plu à manifester qu'il avait
eu pour agréable la réparation du roi. Dans la cin-
quième nuit après son voyage à Cantorbéry, Henri fut
réveillé tout à coup par un courrier arrivant avec des
dépêches importantes de la part de Glanville, comman-
dant des troupes du roi, contre les Écossais.

« Glanville se porte-t-il bien ? demande Henri. — Mon
maître se porte bien, répond le courrier, et il tient ac-
tuellement sous sa garde votre ennemi le roi d'Écosse.
— Répète ces mots, » s'écrie le roi.

Le courrier les répète, et donne ses lettres où Glanville mandait que le samedi, douzième du mois, dans la
matinée, il avait fait prisonnier le roi d'Écosse, avec
soixante de ses plus illustres seigneurs, pendant qu'ils
s'amusaient à jouter ensemble à quelque distance du
camp.

Henri remarqua et fit remarquer avec une joie extrême, que ce glorieux événement avait eu lieu le ma-
tin même du jour où, après avoir entendu la messe, il
avait quitté, repentant et réconcilié, les reliques de
saint Thomas [1].

Parmi les témoignages humains qui doivent nous donner la mesure de la confiance que nous pouvons accorder à la sincérité de la foi religieuse du comte Plantagenet, se trouve celui du grand pape Alexandre III, avec
lequel Henri eut tous ses démêlés.

[1] Rhorbacher, *Histoire de l'Eglise*.

Non-seulement l'illustre Pontife ne l'a jamais excommunié, même après le meurtre de saint Thomas de Cantorbéry, mais il lui a donné une preuve non douteuse de son estime et de sa bienveillance, en prenant sous sa protection, par une bulle spéciale, l'Aumônerie angevine, celle-là même qui fait, en ce moment, l'objet de nos plus vives préoccupations.

Ne soyons pas plus sévères que ce juge, si bien posé pour apprécier les faits à leur juste valeur.

Enfin, une respectable tradition affirme que l'agrandissement de l'Aumônerie Saint-Jean, appelée aussi la Maison-Dieu, est dû au repentir de Henri II et à son religieux amour pour les pauvres. Alors ce monument de charité serait la preuve éloquente et, nous l'espérons, impérissable, de son empressement à suivre les conseils de l'Évangile qui, d'accord en cela avec les livres de l'Ancien Testament, nous invite, quand nous avons eu le malheur d'offenser le Très-Haut, à racheter nos iniquités par des aumônes.

Si quelqu'un a le droit de jeter la pierre au meurtrier de saint Thomas de Cantorbéry, il faut convenir, au moins, que ce n'est pas nous.

I.

Maintenant, considérons dans Henri II le prince bienfaisant et l'ami de son peuple. Oh! ici, les œuvres parlent d'elles-mêmes; les faits répondent éloquemment et solennellement en sa faveur. L'Anjou, la Touraine, la Saintonge, la Normandie et le Maine, sont encore, en ce moment; couverts de ses communautés et de ses établissements de charité [1].

Pour ne parler que de ceux qui sont autour de nous, Angers en comptait trois. Je serais plus exact, peut-être, en disant qu'il en a fondé quatre; puisque c'est avec l'argent donné par lui, comme prix d'une portion de l'enclos Saint-Jean, qu'a été commencée l'intéressante et si remarquable *Infirmerie du Pont*. *Unde nos*, disent, dans leurs chartes, les religieuses du Ronceray, *incepimus facere quamdam domum nostram, quæ vocatur Infirmaria*.

J'ai essayé de démontrer ailleurs que cet hospice n'était autre que celui auquel appartenait la tour des *Druides*, si fâcheusement démolie, il n'y a encore que quelques années.

Mais nous avons des documents plus précis sur un autre établissement construit, près d'Angers, par le comte Plantagenet, et sur ses propres terres. Un des bois qui l'environnaient porte encore aujourd'hui son nom, le Bois-du-Roi. Je veux parler du prieuré de la Haie-aux-Bons-Hommes, occupé par les religieux de ce nom. A quelques centaines de mètres du Champ des Martyrs, on peut voir leur chapelle toute couverte de peintures du temps, et qui sont, sous ce rapport, du plus haut intérêt.

L'acte de fondation de cet asile de la prière et du

---

[1] Hiret a relevé les noms de quelques fondations faites en faveur des seuls enfants de Saint-Étienne de Grand-Mont. Avec les deux d'Angers, on comptait celles du Bois-Roger, de Villiers, de Pommiers-Aigres, en Touraine, de Bezaly, au Maine, de N.-D.-du-Parc, auprès de Rouen, et de Sermaise, en Saintonge.

dévouement contient une particularité qui n'a jamais été remarquée. Elle emprunte aux circonstances présentes, et vis-à-vis de la mémoire de Henri II, une véritable importance. Je veux m'y arrêter un instant.

En sus des redevances accordées au prieuré, le comte d'Anjou donne aux bons religieux de Grand-Mont, et pour être employés à leur établissement d'Angers, *apud Andegavum*, remarquons-le bien, *quatre hommes de peine*, qu'il exempte, à ce, de toute charge et corvée.

Non-seulement ces quatre travailleurs, et non pas ces quatre bourgeois, comme l'a faussement écrit Jean Hiret, devaient être appliqués au service des frères ; mais, ce qui est ici pour nous toute une révélation, c'est que ce fut aux soins des *lépreux. Dedi etiam ad* serviendum *eisdem fratribus tam sanis quàm* leprosis, *quatuor homines apud* Andegavum, *liberos et quietos cum rebus suis et rebus fratrum, in terrà et aquà, ab omni servitio et tallagio, pontagio,* etc., etc.

Quelle était, dans notre ville, la léproserie dont il est ici question? Je l'ignore. Nous savons toutefois qu'Angers possédait anciennement plusieurs de ces asiles spéciaux. L'un d'eux est encore aujourd'hui dans tous les souvenirs : c'est celui du faubourg Saint-Lazare. Il avait été construit au douzième siècle [1]. On est d'autant plus volontiers porté à croire que la maladrerie Saint-Lazare fut celle des Bons-Hommes, c'est-à-dire de Henri II, qu'elle n'était pas éloignée de leur prieuré, et par cela même, plus facile à desservir par eux.

Mais là n'est pas le point principal. Ce qu'il faut con-

[1] *Péan de la Tuilerie*, p. 271.

sidérer, et ce qui est hors de tout conteste, c'est qu'il y avait, à Angers, une maison sanitaire, établie ou protégée par Henri II, pour les maladies contagieuses. Tout le monde sait, en effet, que telle était la destination des léproseries, lesquelles, comme dit Péan de la Tuilerie, servaient d'hôpitaux aux personnes attaquées de quelques maladies pestilentielles. La lèpre étant la plus terrible et la plus commune de ces maladies, a donné son nom aux Léproseries.

Ceci posé, constatons immédiatement qu'à côté de son Aumônerie Saint-Jean, le comte d'Anjou avait eu la précaution d'établir, comme déversoir, un asile spécial pour les maladies contagieuses, précaution urgente, qui manque encore à beaucoup de nos établissements, qu'on dit être perfectionnés.

J'ai souvent entendu dire que l'ancien Hôtel-Dieu d'Angers avait été *mal conçu, mal installé ; qu'il n'était plus en rapport avec les progrès de la science moderne.*

Ce reproche, pénible à entendre, est aussi faux qu'injurieux pour la haute intelligence et le grand cœur qui nous ont donné l'Aumônerie Saint-Jean. Je crois pouvoir en fournir la preuve. C'est à l'expérience, et à l'expérience officiellement constatée, que je veux la demander, en même temps qu'à la science hygiénique la plus récente et la plus éclairée. Heureux de me trouver dans un cercle d'amis dévoués à notre généreux bienfaiteur, j'éprouverai une véritable joie à venger devant vous, Messieurs, une institution charitable aussi injustement que gratuitement calomniée.

En 1838, lorsque la Commission municipale eut à donner son avis sur l'opportunité du transfert de l'hôpital à Sainte-Marie, les commissaires furent unanimes pour le maintien de l'établissement du comte d'Anjou dans le local qui lui était primitivement assigné : ils se fondaient principalement sur ce fait remarquable et insolite, *qu'en recueillant les souvenirs les plus éloignés (ce sont les propres expressions du rapport), on ne se rappelait pas qu'à aucune époque la moindre épidémie eût pénétré dans l'Hôpital.*

Et ce fait si nettement affirmé, à quoi l'attribuerons-nous, si ce n'est aux précautions prises par le généreux et intelligent bienfaiteur d'Angers? Mesure pleine de sagesse, qui demeurera toujours à l'honneur de l'esprit pratique et élevé, avec lequel le comte d'Anjou savait constituer et installer ses établissements de charité.

Mais, ce qui condamne davantage encore les détracteurs de son œuvre, c'est que la science hygiénique la plus avancée, est en complet accord avec la manière de voir et d'agir de Henri Plantagenet. Faire des hôpitaux relativement petits, et écarter avec un soin attentif les causes d'épidémie et de mortalité; voilà ce qu'il a pratiqué.

Il y a trois ans, prenant mission de mon cœur et des devoirs de mon caractère sacerdotal, je me permis de consulter, à Paris, les spécialités supérieures sur les dangers du système qu'on se proposait de suivre, au grand détriment, selon moi, du bien et de la vie du pauvre, en réunissant l'hôpital à l'hospice.

L'un des chirurgiens les plus pertinents, et qui a été chargé lui-même par l'administration des hôpitaux de Paris, de parcourir l'Europe, pour étudier le meilleur système d'installation hospitalière, M. le Dr Lefort, me

***

fit l'honneur de m'adresser la réponse suivante, (que j'ai eu occasion de publier ailleurs) : « Tous les médecins qui se sont occupés en Angleterre, en Belgique, en Russie, en Allemagne, de la question de l'hygiène hospitalière, sont d'accord sur ce point : qu'il faut éviter avec soin la réunion d'un grand nombre de personnes dans un même établissement hospitalier, même lorsque la dimension de cet établissement croît en raison *directe* du nombre des personnes qui y habitent et y trouvent asile. »

Pour ce qui est des léproseries, il s'exprime ainsi : « Depuis longtemps, cette question est résolue à l'étranger ; les varioleux, les malades affectés de fièvres typhoïdes, de fièvres éruptives, sont reçus dans des hôpitaux spéciaux. En Russie, dans toute l'Allemagne, les varioleux reçus à l'hôpital, sont placés dans des bâtiments spéciaux, tout à fait séparés et isolés au milieu des jardins. En Prusse, dans le Wurtemberg, la loi elle-même oblige à cet isolement des maladies contagieuses. »

Ainsi, notre comte d'Anjou, sept siècles avant celui qu'on appelle orgueilleusement le siècle des lumières, avait trouvé, au moins en partie, la solution d'un problème si ardemment étudié de nos jours.

Tel est l'avis de l'éminent professeur, agrégé à la Faculté de médecine de Paris.

Qu'on nous dise maintenant laquelle était le plus près de la vraie science et du véritable progrès, ou de l'institution primitive, ou de l'institution corrigée et considérablement augmentée, qu'on a cru devoir lui substituer.

Union de l'Ouest, n° du 3 octobre 1867.

On a fait un autre reproche à Henri II, celui d'avoir établi une salle unique pour les malades, rassemblés ainsi dans un lieu moins salubre.

D'abord, l'expérience, ce premier et plus sûr moyen d'appréciation, est, comme nous l'avons vu, en faveur du fait établi à Saint-Jean. Mais l'observation suffirait à elle seule à le justifier. La salle de l'ancien Hôtel-Dieu, par cela qu'elle était très-vaste, devait être forcément élevée. Or, qui ne sait que les parties de l'air, viciées par les malades, tendent toujours à monter, emportées qu'elles sont par les couches échauffées dans la partie inférieure ?

Les coupoles des voûtes devenaient donc comme un immense réservoir pour les miasmes morbides, qui se déversaient au dehors, par les fenêtres, elles-mêmes très-élevées, établissant ainsi à distance des courants inoffensifs.

Les Anglais, qui sont nos maîtres et nos modèles en confortable, ont si bien compris cet effet, tout simplement physique et d'expérience, qu'ils ont depuis longtemps pratiqué des évans nombreux dans la partie supérieure, et immédiatement sous les planchers de leurs appartements.

J'espère qu'on ne dira plus que l'œuvre du comte Plantagenet était mal conçue et mal installée. C'est tout ce que je demande pour le moment [1].

---

[1] Si l'absence d'épidémies et la moins grande mortalité des malades à Saint-Jean, peuvent être, en partie, attribuées à l'aération plus parfaite de la vaste salle, on ne peut pourtant refuser d'admettre que la sonorité exceptionnelle de cette immense pièce, n'était pas sans inconvénient. Mais il est facile de supposer que la sollicitude attentive qui avait préparé pour les diverses catégories de pauvres des asiles spé-

Le bienfaiteur chrétien, qui établissait son hospice pour l'*honneur* de Dieu et le *soulagement* des pauvres du Christ, avait compris qu'en eux les besoins du corps ne devaient pas être les seuls à prendre en considération. L'homme ne vit pas seulement de pain, mais de toute parole, inspiration ou émotion qui vient de Dieu.

Faciliter à celui qui souffre l'accès auprès du divin Consolateur, paraît avoir été une des vives préoccupations du Fondateur de l'Aumônerie Saint-Jean. Il a pris la précaution de mettre la Chapelle attenante à l'appartement de ses malades, afin qu'à toute heure du jour ils pussent aller aux pieds du Seigneur répandre leur âme devant lui, et en revenir plus forts et moins souffrants.

L'homme, en proie à la douleur, est plus porté à se rapprocher de Dieu : c'est un fait d'observation ; comme aussi Dieu, dans ces circonstances, se rapproche davantage de sa créature.

L'état de choses, constitué à Saint-Jean, est donc le résultat d'une attention qui révèle, dans le comte d'Anjou, une haute intelligence des besoins religieux et moraux du pauvre. Sous ce rapport, son œuvre ne craint la comparaison avec aucune autre.

Cependant, la sollicitude attentive et bienfaisante du comte d'Anjou, ne s'étendait pas seulement aux malades ordinaires et aux lépreux.

ciaux, n'aura pas omis d'éloigner de la grande salle, ceux des malades qui pouvaient souffrir de sa trop grande sonorité. Dans tous les cas, et sans condamner en rien les nouveaux systèmes aujourd'hui recommandés pour les bonnes installations hospitalières, l'heureuse et longue expérience hygiénique constatée par la Commission municipale restera toujours à l'avantage de l'institution Saint-Jean et à la gloire de son fondateur.

Les pauvres valides, mais délaissés, les pèlerins, les voyageurs, trouvaient primitivement dans sa Maison-Dieu une large part à ses charités. Nous savons positivement, par l'acte de donation du pont des Treilles, que la fondation de notre généreux bienfaiteur constituait proprement un hospice dans lequel étaient reçus les pauvres des diverses catégories, que nous avons fait connaître [1].

Mais, où se trouvait le bâtiment qui leur donnait asile? J'ai fait, à ce sujet, de nombreuses et minutieuses recherches. Toutes mes investigations m'ont conduit à cette conviction que c'était la partie orientale des greniers Saint-Jean, dont la richesse de façade n'est évidemment pas celle d'un magasin. On y reconnaîtrait plus facilement une partie de ce *palais,* comme dit l'auteur des *Priviléges de la ville d'Angers,* que le royal donateur a voulu offrir aux pauvres du Christ.

Si mes déductions sont fondées, les greniers Saint-Jean auraient été, au moins en partie, plus que des bâtiments secondaires dans l'œuvre de Henri II.

Par ces motifs, nous ne saurions assez déplorer la résolution à laquelle on paraît s'arrêter, et qui tend à distraire d'aussi intéressantes constructions du tout auquel elles appartiennent.

Les greniers Saint-Jean couvrent à peu près mille mètres de superficie. Autant par le grandiose de leurs proportions que par le prix de leur richesse architectu-

---

[1] Sciatis me fundasse et construxisse apud Andegavum, prope fontem Sancti Laurentii, *hospitale quoddam....* Ego autem pietati motus super Inopia et necessitate tam *sanorum* quàm *infirmorum* in ipso hospitali dedi, etc.

rale, ils méritent d'être classés parmi les monuments historiques. On installe en ce moment une *brasserie* dans ces magnifiques constructions. Quelle destination pour un monument remarquable et le don sacré d'un royal bienfaiteur !!!

Le motif qui a conduit au regrettable résultat que je viens de constater, est celui qui a fait mutiler les charpentes de la grande salle, et abattre l'arbre séculaire qui en faisait le plus bel ornement. Je veux respecter l'intention, assurément droite ; mais je dois constater que l'excès de zèle qui l'inspire est blâmable.

Il y a dix-huit cents ans et plus qu'il a été condamné par Jésus-Christ lui-même.

Qu'on veuille bien se rappeler le parfum précieux répandu sur la tête du Sauveur, et les murmures qui ont accompagné cette très-louable action de la pécheresse repentante. Pourquoi cette perte ? dirent les disciples. On aurait pu vendre ce parfum très-cher, et en donner le prix aux pauvres : *Potuit enim istud venumdari multo et dari pauperibus.* On connaît la réponse du divin Maître.

L'hommage offert à la religion par Henri II, dans son repentir, prime celui de l'argent du brasseur, donné aux pauvres, de toute la hauteur que l'œil étonné constate entre les monuments à taille de géant du comte d'Anjou, et celle les habitations civiles qui l'entourent.

L'Évangile, qui nous rapporte la belle action de Marie-Madeleine, lui promet la louange de la postérité. L'histoire angevine ne manquera pas de porter à la connaissance des générations à venir le récit de ce qui se passe aujourd'hui sous nos yeux. Je doute fort qu'il excite l'admiration de nos descendants.

Au XVIIe siècle, si l'on en juge par un inventaire officiel de 1619, le magnifique établissement de Henri II était tombé dans un dénûment et un discrédit déplorables. Vingt-deux malades seulement étaient reçus à l'hôpital, et dans une telle pénurie de linge, que ces malheureux admis étaient obligés de se faire apporter des chemises de la ville.

Au héros de la bienfaisance, saint Vincent de Paul, et à sa digne auxiliaire, Mlle Legras, de sainte mémoire, il était réservé de réorganiser l'Aumônerie angevine et de la rajeunir, en lui communiquant avec abondance, la sève toujours vivifiante des saints. Ce fait seul aurait dû nous faire respecter et aimer des lieux si chers, et que tant d'autres cités se trouveraient heureuses et fières de posséder.

Pourquoi faut-il que le sentiment public, qui nous a conservé à Fontevrault, la statue de Henri II, ait été impuissant à sauver son œuvre de prédilection ? Pourquoi faut-il que, marchant à l'inverse de l'opinion générale, et comme emportés par une sorte de fatalité, nous ayions abandonné un asile précieux à tant de titres, et tout juste au moment que l'on recherchait ailleurs les traces des premiers pas de saint Vincent de Paul, pour les honorer et les consacrer par un monument ; précisément à l'heure où la France religieuse, et avec elle les représentants de l'Empire lui-même, traversaient nos provinces émues et étonnées de tant d'empressement, pour aller applaudir à l'heureuse pensée qui avait élevé un hôpital sur le berceau du petit berger des landes de Dax ? Il y a des faits qui s'imposent, mais qui ne s'expliquent pas.

Revenons à Henri II.

Ce n'était pas seulement par des fondations pieuses que le comte d'Anjou aimait à soulager la douleur. « Les peuples que Henri Plantagenet avait gouvernés, « dit Lacépède [1], donnèrent des larmes à sa mort. Il « avait souvent montré combien il désirait faire leur « bonheur. Le dixième des provisions de sa maison était « toujours donné aux pauvres. Pendant une famine qui « régnait dans le Maine et dans l'Anjou, il nourrit dix « mille indigents, depuis le commencement du prin- « temps jusqu'à la fin de l'automne. »

Tel fut, sous le rapport de la bienfaisance, le comte d'Anjou, le fondateur de l'Aumônerie Saint-Jean. Voyons maintenant ce qu'il fut comme administrateur.

II.

Ce que nous venons de dire de Henri Plantagenet, faisant fructueusement le bien autour de lui, dénote, dans ce généreux et royal ami des pauvres, non-seule- ment un cœur sensible et bon, mais un esprit élevé, judicieux et pratique. Les différents actes de son admi- nistration en Anjou, confirment de tous points ces ap- préciations, et nous révèlent également en lui une vo- lonté ferme, résolue, ne reculant devant aucuns sacrifices quand ils lui paraissaient utiles au bien général. J'ai déjà eu occasion de faire connaître avec quelle sûreté de coup d'œil il vit les mesures à prendre pour porter

[1] *Histoire de l'Europe.*

remède aux maux que souffraient, par suite des inondations de la Loire, les habitants de la vallée qui longe le fleuve d'Angers à Saumur, vallée riche aujourd'hui comme celle qu'arrosait autrefois le Jourdain, et que la Bible compare au Paradis du Seigneur : *Sicut Paradisus Domini*[1]. Je ne craindrai pas de rappeler ici des détails qui sont du plus haut intérêt.

C'est à Henri II que nous devons l'endiguement définitif de la Loire, dans le haut Anjou. La vallée, en effet, souffrait chaque année des débordements du fleuve qui ruinaient les colons. En sorte que cette contrée, aujourd'hui si fertile, demeurait sans culture ; parce que, suivant d'anciennes traditions, c'était un lieu *inhabitable*, couvert de sauvages forêts dans les endroits élevés, et de marais croupissants dans les parties déprimées.

Le comte d'Anjou parcourt ce pays malheureux et condamné, malgré sa fertilité naturelle, à la stérilité. Il est vivement frappé de l'état de choses dont il est témoin. Les maux causés par la Loire, attendrissent le cœur de Henri. *Quia ipse vidi et comperi dolores et damna quæ Ligeris in valeia faciebat*[2].

Des priviléges considérables sont immédiatement accordés à tous ceux qui voudront habiter les turcies (la levée), pour les achever et les entretenir.

Les grands vassaux sont mandés par le roi, qui leur fait promettre en sa présence d'accorder aux colons des immunités nombreuses, et, en particulier, l'exemption du service militaire, si lourd dans ces temps.

[1] *Gen.*, XIII, 10.
[2] Cartulaire de Saint-Florent, près Saumur.

Afin de faire mieux comprendre toute l'importance de la mesure prise par Henri II, ajoutons que ses successeurs ont cru devoir, dans l'intérêt général, maintenir tous les priviléges accordés par ce prince. Louis, duc d'Anjou, par retour de cette province à la couronne, fut le premier qui maintint les droits des colons. Vint ensuite Charles-le-Sage, qui les confirma de nouveau par lettres-patentes octroyées à Paris, en date de 1365.

Mais la charte, accordée précédemment par le duc d'Anjou, nous est précieuse, surtout en ce qu'elle nous fournit comme la contre-preuve et la démonstration de l'immense bienfait de Henri II.

Avant de confirmer les priviléges de son prédécesseur, « voulant, comme il le dit lui-même, procéder *mûrement,* il a fait faire bonne et solennelle information, laquelle rapportée, continue-t-il, avons fait voir à grande délibération de notre conseil, par laquelle nous apparut, que les dits habitants tiennent et toujours ont tenu la dite turcie en état, à *grands coûts et mises,* et si ce n'était, tout le pays de vallée serait perdu. Si comme dit est, et que ils ont toujours ce fait entièrement et accompli, pour lequel les dits priviléges leur furent donnés ; pourquoi, Nous, en considération aux choses de dessus dites, en conseil et délibération à ce, les susdites lettres (chartes de Henri II), tout ce qui est conçu en icelles, ayant ferme, stable et agréable, de notre grâce spéciale et de l'autorité et puissance de notre dit seigneur (Henri II) et de la nôtre, voulons, louons, gréons, ratifions et approuvons, etc [1]. »

<hr>

[1] Manuscrits de la collection Gaignières, n° 102, Bibioth. imp.

Voilà ce que fit Henri II pour la vallée de la Loire. Mais il ne s'en tint pas là.

Un pont de bois venait d'être construit à Saumur par les bourgeois et les chevaliers qui avaient entrepris ce travail pour le salut de leur âme. Le comte-roi, étant venu à Saumur, admire l'œuvre de ses sujets, s'en réjouit comme souverain, et leur adresse des remerciements pour leur généreuse initiative. Il les récompense en les exonérant des impôts; puis, voulant assurer pour longtemps l'usage d'un travail si utile, il s'entend avec l'abbaye de Saint-Florent pour qu'une arche de pierre vienne chaque année remplacer une arche de bois, afin, dit la charte, que le *pont ait une durée éternelle.*

Le comte Plantagenet travaillait toujours à faire le bien sur une grande échelle.

En encourageant ce qui venait de se pratiquer à Saumur, il avait apprécié tout de suite l'immense avantage que devait procurer aux populations du Maine, de l'Anjou et du Poitou, un moyen de relations facile et direct.

Mais les habitants de Saumur ne furent pas les seuls, sous le règne de Henri II, à posséder des voies de communication, nouvelles et meilleures, à travers les fleuves.

Angers reçut du comte-roi un bienfait plus complet.

La ville, primitivement restreinte à l'emplacement qu'occupe aujourd'hui la *cité,* se développait rapidement sur la pente nord du rocher de la Cathédrale. Henri II comprit que le pont du centre, étroit comme on les faisait en ce temps-là, n'était plus en harmonie avec l'agrandissement de la capitale angevine.

Il décide qu'un nouveau pont sera édifié au-dessus du premier, et là où la population se portait davantage. Mais il ne veut pas qu'une construction aussi considérable devienne une charge pour ses sujets. Il en fait lui-même les frais, ainsi qu'il appert d'une de ses chartes où cette particularité est formellement énoncée.

Quam ex propriis sumptibus meis feci, dit le roi, *et a primo lapide fundavi* [1].

Mais en adjoignant à son pont une écluse et des moulins, l'administrateur habile sut trouver une compensation à ses capitaux, dans un revenu sérieux qu'il se créa, et qu'il offrit bientôt à sa chère Aumônerie Saint-Jean.

L'organisation des pêcheries de Reculée, si connues à Angers, et qui ont, pendant tant de siècles, procuré un moyen d'existence à toute une population, était également son ouvrage.

Henri II aimait à construire. Il travaillait toujours à faire produire à ses dépenses une amélioration considérable au bien-être matériel de ses sujets.

Mais ce qui le recommande particulièrement devant l'histoire, et ce qui lui crée à la reconnaissance des hommes de goût des titres exceptionnels, c'est qu'il a puissamment contribué au développement du beau dans les arts.

Il encouragea l'architecture jusqu'à lui imprimer un élan des plus remarquables!

Les preuves monumentales en sont écrites sur tous les points de notre Anjou et des provinces circonvoi-

---

[1] Acte de donation du pont des Treilles.

sines. Malgré les dévastations révolutionnaires et le vandalisme non moins funeste de la spéculation depuis cinquante ans, il n'est pas encore aujourd'hui une contrée de notre Anjou, si petite qu'elle soit, qui ne montre avec un légitime orgueil quelques sanctuaires ou débris de chapelles remontant au règne du comte-roi.

Le système d'architecture au développement duquel il a particulièrement concouru est tellement caractérisé, que les archéologues modernes l'ont appelé *style Plantagenet*, ne trouvant pas d'expression plus significative pour le spécifier nettement.

Il est intéressant d'entendre ce que dit de notre art angevin, M. Félix de Verneuil qui l'a minutieusement étudié : « Comme le style dont il est sujet, dit-il, coïn-
« cide par son apparition avec le règne de Henri II, et
« ne se montre guère que dans les pays soumis à la
« domination des Plantagenets ; comme il a d'ailleurs
« pour foyer principal le centre de cette domination,
« il convient de le nommer *style Plantagenet*, ou *style*
« *angevin*. De quelque façon qu'on le juge, et avec
« quelque sévérité qu'on l'apprécie, il tient à coup sûr
« une grande place dans l'art national [1]. »

Tel est le témoignage irrécusable d'un savant aussi judicieux qu'impartial.

Si d'une part il est vrai, comme on l'a souvent écrit, que l'architecture est une sorte de miroir où viennent se réfléter les croyances, les mœurs et la civilisation des peuples, quelle haute idée les monuments de Henri II ne doivent-ils pas nous donner de la splendeur de son règne en Anjou ?

[1] Architecture byzantine en France.

D'un autre côté si le fait d'avoir poussé au développement des arts ou des sciences a pu recommander à
l'admiration de la postérité les François Ier, les Léon X,
les Louis XIV et tant d'autres, quel titre de gloire ne
doit pas avoir à nos yeux l'illustre et puissant initiateur
du mouvement architectural du XIIe siècle en Anjou ?

Le plus beau type que nous possédions de la manière
de faire des Plantagenets, est sans contredit le chœur
de l'église Saint-Serge à Angers. Je regrette que le
temps ne me permette pas de vous faire connaître la
cause mystérieuse qui rend si séduisant l'aspect des
lignes de ce chef-d'œuvre de l'art angevin que tous les
touristes connaissent, que bon nombre d'archéologues
ont décrit avec complaisance, que les architectes étu-
dient comme modèle, et que tous admirent.

Je regrette de ne pouvoir vous démontrer que ce
très-remarquable sanctuaire a été élevé sous le règne
de Henri II. Peut-être les documents nous permet-
traient-ils de conclure que non-seulement l'illustre comte
a eu la direction de ce monument, mais qu'il a contribué à son érection de son propre argent dont il était
d'ailleurs toujours prodigue pour les œuvres religieuses.

Cette question nous entraînerait à des dévelop-
pements considérables. Il faut savoir nous borner.

Je me résume :

Henri II, bien que ses actes n'aient pas toujours été
d'accord avec ses convictions, a donné des preuves
héroïques de sa foi religieuse. Il a été pour les pauvres
un bienfaiteur et un ami aussi intelligent que géné-
-reux ; son administration a fait le bonheur des peuples
qu'il a gouvernés ; il a préparé la richesse exception-

nelle du pays que nous habitons; enfin il a donné aux arts en Anjou un élan tel qu'il suffirait à lui seul à immortaliser son nom.

Ces considérations excitent en moi une pensée qui n'a cessé d'assaillir mon esprit pendant que ma main écrivait le travail que je viens de vous lire. Je ne résisterai pas, en terminant, au besoin de l'exprimer devant un auditoire si bien fait pour la comprendre. Cette Aumônerie Saint-Jean dont nous venons d'esquisser l'histoire, ce don tout à la fois religieux, humanitaire et artistique que le royal comte d'Anjou nous a offert comme gage de son affection, et qui devait porter sa mémoire, parmi nous, jusqu'aux générations les plus reculées; cette œuvre de prédilection qu'il a confiée à la garde de l'autorité urbaine et à la sollicitude de ses amis à venir: *Toti villœ Andegaviœ, et benefactoribus Eleemosynoriœ dedit et concessit* [1]; cette fondation bénie, que la souffrance du pauvre a consacrée et que la vertu des saints n'a cessé d'embellir pendant sept siècles consécutifs, est très-fortement menacée dans son existence.

Est-ce que nous serions condamnés au douloureux spectacle de la voir disparaître sous nos yeux, sans que d'énergiques efforts soient faits pour la sauver? L'avenir indigné refuserait de croire à une aussi inconcevable indifférence. Non, non, il n'en sera pas ainsi.

Tous les frontispices des diplômes de cette Société savante, tous les titres de ses Mémoires constatent la belle et utile mission qu'elle s'est donnée de protéger les arts. Dans le péril extrême où se trouve l'œuvre bien-

---

[1] Cartulaire de l'Hôtel-Dieu d'Angers.

faisante, artistique et patriotique du comte d'Anjou, la Société d'agriculture, sciences et arts d'Angers qui a déjà si puissamment concouru à sauver les statues de Fontevrault, ne peut laisser périr un monument bien autrement utile et bien autrement cher à tous les cœurs.

———

N.-B. — Après la lecture de ce travail, la Société a nommé une commission de cinq membres, chargés de rechercher, pour les proposer aux diverses administrations que l'affaire regarde plus spécialement, les moyens de conserver l'Aumônerie Saint-Jean, tout en sauvegardant les intérêts de la ville et du quartier de la Doutre.

La question heureusement est moins difficile qu'elle n'apparaît au premier abord, parce que, de tous les côtés, les esprits sont d'accord sur le point principal, celui de conserver l'œuvre de Henri II. Espérons qu'un prompt et heureux résultat ne tardera pas à combler tous les vœux.

Angers, imp. P. Lachèse, Belleuvre et Dolbeau.

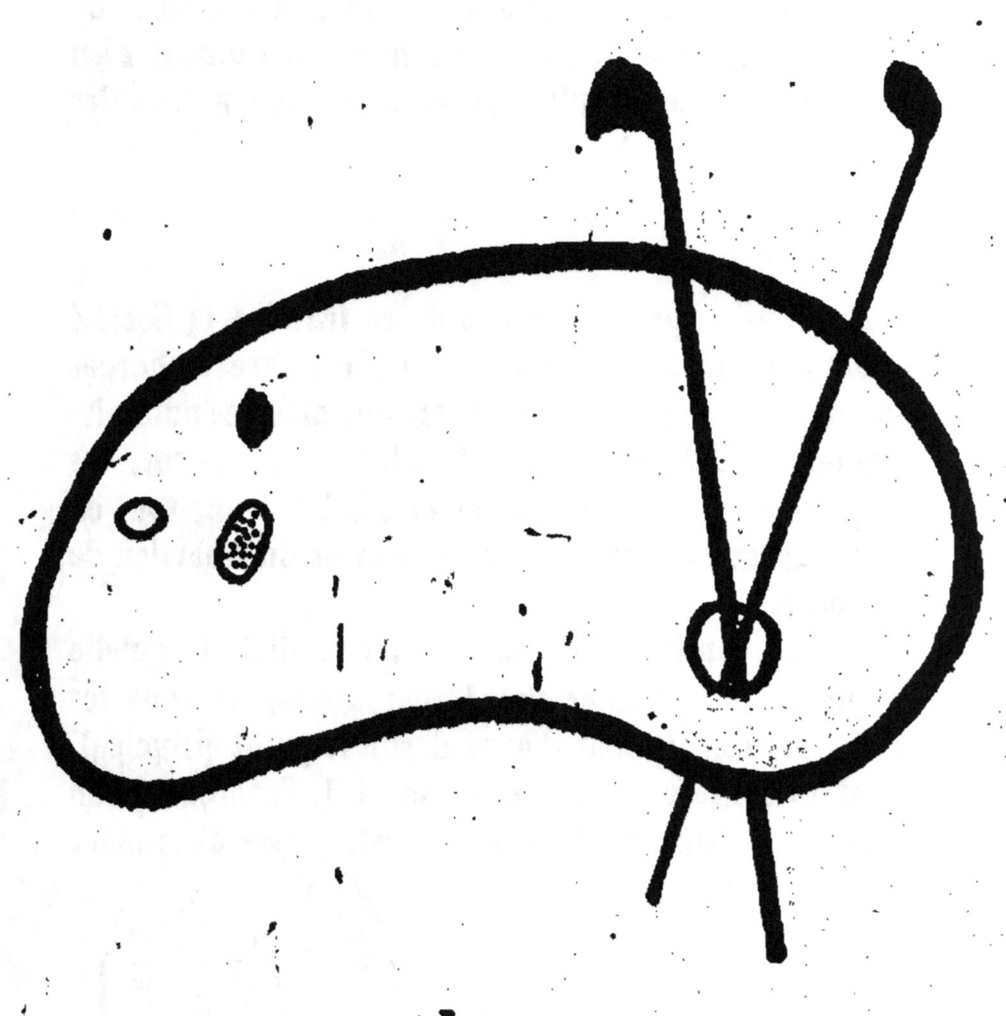

ORIGINAL EN COULEUR
NP Z 93-120-8

9 782013 450126